패랭이꽃
아직도 피어 있을까

조진순 시집
패랭이꽃 아직도 피어 있을까

인쇄| 2019년 6월 20일
발행| 2019년 6월 25일

글쓴이|조진순
펴낸이|장호병
펴낸곳|북랜드
06252 서울 강남구 강남대로 320 황화빌딩 1108호
대표전화 (02) 732-4574 | (053) 252-9114
팩시밀리 (02) 734-4574 | (053) 252-9334

등록일| 1999년 11월 11일
등록번호| 제13-615호
홈페이지| www.bookland.co.kr
이-메일| bookland@hanmail.net

책임편집| 김인옥
교 열| 배성숙 전은경

ISBN 978-89-7787-870-9 03810
ISBN 978-89-7787-871-6 05810(E-book)

값 10,000 원

패랭이꽃
아직도 피어 있을까

조진순 시집

북랜드

| 시인의 말 |

하루 일을 끝내고 털썩 소파에 기대앉으면 맞은편에 걸린 두 손자 웃는 모습의 사진이 따라 웃게 한다.

산다는 것은 달리 웃는 일이 마련된 것이 아니어서 잠깐이지만 웃음을 나눈다는 것은 지친 몸과 마음을 풀어주는 활력소가 되고 있다.

생활 속의 작은 일들, 스치는 생각들을 글로 적어 책을 발간하게 되니 설레는 한편 장바닥에 나를 내놓는 것 같아 부끄럽다.

봄을 찾아온 꽃들을 반기고 낙엽 따라 가는 가을을 이별하며 이렇게 여기까지 왔다.

반백 년 고락을 함께한 동반자 남편에게 고맙고, 하나뿐인 딸과 사위, 소중한 손자들이 있어 행복하다.

내게 주어진 모든 것에 감사하며 열심히 살아가야겠다.

2019년 초여름

조 진 순

| 축하의 글 |

타고난 시인

조진순 시인의 첫 시집 『패랭이꽃 아직도 피어 있을까』 발간을 축하하며 큰 박수를 보낸다.

김천문화원에서 시를 배운 지 4년 만인 2012년 문단 데뷔의 꿈을 이루고 그로부터 7년 만인 이번에 시집을 발간하는 조진순 시인은 바빠도 너무 바쁘다. 그러면서도 시에 대한 열정은 어느 누구에게도 뒤지지 않아 틈틈이 쓴 시 85편을 묶은 시집을 발간하게 되었으니 축하를 받아 마땅하리라.

김천문화원 부설 문화학교 문예창작반 수업
한 주에 두 시간이면 눈 깜짝할 사이인데
하필 그 시간에 힘 있는 슈퍼 사장의 전화
"우유 한 박스 보내주세요
고객이 기다립니다"
들고 있던 펜을 살며시 놓고
소리 없이 빠져 나온다
부랴부랴 한 박스 오토바이에 싣고

바람을 가르며 달린다
슈퍼가 저만치 보이는데 기우뚱하더니 멈춰 선다
기름이 떨어졌다
오토바이를 끌고 가서 우유를 건넸다
제기랄, 삼박자가 지지리도 안 맞는다

—「김천문화원 수업 시간」 전문

34년 전인 1985년부터 오늘에 이르기까지 빙그레우유 대리점을 경영해 온 조진순 시인의 사업과 수업을 떼어놓고 생각할 수 없게 하는 대목이다.

"조진순은 감성과 지성의 융합 사상을 성찰의 진정함과 내밀한 사유의 심상心象으로 담아내고 있으며 특히 사색적이고 지성적인 이미지를 잘 포착해 시적 감흥을 빚어내는 묘사력이 뛰어나다."

조진순 시인이 《한국시》 신인상에 당선되었을 때의 심사평 일부분이다. 중진 시인으로 구성된 심사위원들은 "노련한 시심을 젊은 시인보다도 훨씬 강하게 시적 사상으로 유입시켜 주지적 시인으로 높이 평가받을 수 있을 것"이라는 평을 덧붙였다.

진솔한 정서적 감수성을 바탕으로 시와 삶을 조화롭게 엮어내는 솜씨가 뛰어나다는 평가를 받고 있는 조진순 시인은 아직 컴퓨터를 할 줄 모른다. 이 때문에 시를 볼펜으로 쓴다.

“수업에 들어가기 10분 전이다/ 무얼 써야겠는데 가닥이 잡히지 않는다”(「10분 전」)는 것이나 “명작을 겨냥하다 졸작 한 편도 못 건진다/ 이번 다짐을 시작으로/ 끄적거리는 것부터 해야겠다”(「작심삼일」)는 것을 보아 알 수 있듯이 조 시인은 수업하는 날 아침 단숨에 쓴다. “아침에 급히 썼다”며 시를 내어놓는 것이 습관이 되었다.

조진순 시인의 시를 보면 나이를 느낄 수 없을 정도로 상상력이 풍부하고 참신하다. 좋은 시를 쓰기 위해서는 시간 투자를 많이 해야 하는 것이 원칙이지만 그렇게 하지 못하는데도 고개가 끄덕여지는 시를 쓴다. 그러고 보면 그는 타고난 시인이다. 퇴고도 하지 않은 초고를 수업 시간에 가지고 나와 그 자리에서 첨삭을 받는 것이 전부이지만 시가 되어 있다.

그렇다고 계속 그렇게 하는 것은 안 된다. 사업에 성공했으니 이제 시인으로도 성공할 수 있도록 시간 투자를 많이 할 것을 주문하지 않을 수 없다.

조진순 시집 『패랭이꽃 아직도 피어 있을까』 발간을 거듭 축하드리며 앞으로 더 좋은 시로 많은 독자를 확보하고 한국문단에 기여할 수 있기를 기대해 본다.

2019년 6월 초순

시인 권 숙 월

차례

2 …

3 …

4 ...

5 ···

1부

그냥

사람들은 말한다
"그냥"이라고
"뭐 하니?"
전화로 물으면
"그냥 있어"
길에서 만나 "어디 가냐" 물으면
그때도 "그냥 나왔어"
이유가 분명 있을 터인데
"그냥"이라고 말한다
딱히 할 말도 없고 애매할 때
"그냥"이라고 얼버무린다
"그냥"이 일상이 되어
자고 일어나고 밥 먹고 일하고
따지고 봐도 그냥 하는 일이다
세월 따라 그냥 지내다
그냥 여기까지 와 있다

정답은 없다

지금 이 순간에도
이론 속에 이어져간다
이건 이렇게 해야 되고
저건 저렇게 해야 되는 거라고
모든 이가 내세우는
구구절절 논리는
여기저기서 반론과 함께 이어진다

천층만층 구만층
각자 속에서 정답은 없다
그래도 옳은가 그른가
고개를 갸우뚱거린다
내 앞의 돌출된 돌부리 하나도
간파하지 못하면서
너무 먼 데까지 질주한다

꽃밴드 손가락에 붙이고

힘든 농사일에 손톱까지 망가진 아버지
요즘 흔해빠진 밴드도 없어
낡은 무명옷 찢어
손가락에 칭칭 감으셨다

마트에서 증정품으로 받아온 꽃밴드를
재미로 손가락에 붙이고
생각에 잠긴다

요즘은 세상이 이렇게 좋아졌다고
손가락을 하늘 향해 치켜올린다
그럼 아버지가 보시겠지
고개를 끄덕이시겠지

아버지 1

줄지어 가는 아이들을 보면서
먼 그날을 생각한다

새벽기차를 타고 소풍 갈 때
홈까지 바래다주던 아버지
미처 역에 가기도 전
기적 소리 나서 조바심을 하면
새벽별을 가리키면서
아직 일찍다고 웃으셨지

돌아올 때도
기차에서 내리는 나를
이내 알아보고
순아,
큰 소리로 부르시던 아버지
그립습니다

아버지 2

십 리 길도 걸어서 오가던
육십년대 여학교 길

새벽에 도시락 싸들고 등굣길에 나선다
그것도 땅마지기라도 있고
머슴도 거느려야 가능하다

겨울 짧은 해는 하굣길도 서둘러야 했다
산모퉁이 많은 시골길
아버지가 마중 나오던 길
그때 버티고 있던 큰 바위는
아직도 그 자리를 지키고 있겠지
아버지는 멀리 가서 계시지 않는데

어버이날

열 살배기 손자
카네이션 한 바구니 안겨준다
"엄마는?"
물음에
"할머니 마음이 엄마 마음이고
엄마 마음이 할머니 마음이어서
같이 담았어요"
기특하다는 말
이럴 때 꼭 맞다
어버이날
멀어져 있던 이름이 다가온다
나에게도 어버이 있었지
어느새 어버이 끝에 서서
어버이날을 맞는다

늘 고마워요

계산대 옆에 얌전히 놓여있는 장바구니
꼬리표가 눈길을 끈다
생일 축하해요
늘 고마워요
슈퍼에 온 남자 손님이 선물했느냐는 물음에
주인아주머니는 그런가 보다고
웃으며 대답했다
아침부터 저녁까지 정신없이 다녀
얼마나 고단할까
그래도 말없이
채소를 다듬고 과일을 파는
아내가 얼마나 고맙고 미안했을까
늘 고맙다는 한마디에서
그 남편의 성품이 훤히 보인다

동반자 맞나?

무슨 일 하나 일치되는 것이 없다
세상 사람 대부분 오른손잡이인데
구태여 왼손잡이다
손을 맞잡고 머리를 맞대도
상황이 삐뚤어지는 게 다반사인데
하는 일 쪽쪽 뒤집힌다
서로 잘 맞는 일이 있었는지 모르지만
아예 생각도 나지 않는다
서로 잘났다고 삐길 때는 같은 마음이다
누가 봐도 같은 못난이인데
수십 년 살아온 동반자 맞나 싶다

뭘 찍을 건지

오늘 아침 밥상머리에서
남편이 찍어먹을 게 없단다
도대체 찍어야 되는 것이 무엇인가
너도 나도 모른다

널브러지게 놓인 것들 아무거나 찍으면 되지
젓가락 쥔 손 오락가락한다
뭐 먹을 건데, 나도 열을 가해서
한 톤 올려 대꾸하자
눈에 쌍심지를 돋우고
핏대를 올리고
나가 버린다

우리 주부들 그놈의 찍어 먹을 것 때문에
넓은 마트를 두 바퀴를 돌아봤자 그게 그거다
일 많이 하고 배가 출출해 봐라
아무거나 팍팍 찍는다

투쟁을 접다

어느 날 대혼란이 일어났다
남에게 어려운 소리 한 번 하지 않는
딸이 다단계 하는 걸 알았다
순간 나는 망했다 싶었다
내 상식으로 근접도 할 수 없는 문제이기 때문이다
몇천만 원이 손해 났어도 괜찮으니
그만두라고 윽박질렀다

그 일로 일 년여를 투쟁 속에 지냈다
딸도 나 못지않게 강력하게 나왔다
안 되겠다 싶어 구미 딸집에 찾아갔다가
말도 못 붙이고 나왔다
두 계단쯤 내려올 때
세 살배기 손자 눈물 그렁그렁한 얼굴로 말했다
"할머니 안녕"
순간 내 가슴에서 폭동이 일어났다

십여 년이 지났지만
저도 나도 다단계 얘기는 꺼내지 않는다
나도 마음을 접고 단념했다
지금도 꾸준히 직업처럼 자리를 굳히는 딸을 보며
너도 그동안 얼마나 속앓이를 했겠나 싶다
세상 많은 사람들이 각기 다른 생각을 갖고 살아가나 싶다

병뚜껑 어디 갔지?

냉수 한 컵 마시고
금방 둔 생수병 뚜껑이 없다

사방 구석 눈길을 꽂아도 보이지 않는다
도대체 어디 갔지?
핑계를 병뚜껑에 돌린다
헤매다 보니 냉장고 안에서 약을 올리고 있다

더위는 정신도 앗아간다
내일은 더 뜨겁다고
일기예보가 더위를 부추긴다
올여름은 더운 맛을 단단히 보여준다

지나가다

몇 안 되는 식구가 뚱해져 있다
말은 안 하지만 눈맞춤이 엇박자다
말을 걸어 따져볼까 하다가
말주변도 없는 내가 밀리고
파장 또한 클 것 같아 참았다
잘못도 없는데 화살이 나한테 꽂힌 것 같아
속이 부글부글 끓었지만
참으면 지나가리 싶어 눌렀다

얼마 지나서
중심력 좋은 딸이 와서 평정시켰다
나도 슬그머니 내려놓았다
역시 그렇게 지나갔다

재 너머 큰집

일 년에 몇 번은 가는 재 너머 큰집
아버지는 두루마기 자락 펄럭이며 넘었다
사립문 들어서면
제삿밥 하느라 불 때던 큰엄마
부지깽이 들고 뛰어나오고
사랑채에서 소죽 끓이던 큰아빠
반가움을 감추지 못했다
좁은 방에는 방긋거리는 아기에서부터
층층으로 육칠 명이 복작거렸다
뭐가 그리 좋았는지 깔깔대고 시끌벅적했다
재 너머 지름길 숲으로 변했고
소죽솥도 부지깽이도 세월 속으로 사라졌다
잘 포장된 길로 자가용이 미끄러지듯 와서 멈추고
말쑥한 모습의 자녀가 한두 명 내린다
반기는 모습도 세련됐지만
그때에 어울렸던 정경은 분명 아니다
또 여기서 더 멀리 나가면 왕창 변하겠지
발달하다 못해 ET 같은 모습으로
날아다니는 세상은 안 되겠지

왜 이럴까

냉장고 문을 열고는 아무 생각이 없다
원위치로 가서야 내가 무얼 찾는지 알게 된다
왜 이럴까 거참!

몇 년째 고정된 전기 스위치를
엉뚱한 벽에 가서 더듬는다
이건 또 뭐야 내 참!

생활 속의 생각도
세상 속의 일들도 모두가 툭툭 불거지는 것이 많다
여기저기서 핵폭단처럼 펑펑 터신다
급속 성장하는 세상 때문일까
많이 포개진 내 연륜 때문일까
자꾸 왜 이러지
아이구 참!

남는 장사

집 앞 초등학교 등교 시간
아이들의 동요가 흘러나올 때
나의 부산한 하루는 시작된다

다람쥐 쳇바퀴 돌듯
언제나 같은 하루하루로
강산이 바뀌길 여러 번
그래도 변한 건 없다

발 디딜 틈 없이 어지럽혀져 있는데
손바닥만 한 자리를 내고
비집고 앉아서
따끈한 커피 한 잔에
모든 짐을 내려놓는다
이게 남는 장사다

한쪽 구석

여럿이 모이는 자리에도
구태여 한쪽 구석에 서 있다
잘난 것이 없으니 저절로 그렇게 된다

어쩌다 중심에 있으면 어색하고
주뼛주뼛해서 미적거리다 언제 구석에 가 있다

고루 훑어보면
별로 모자란 것도 없는 것 같으니 성격인가 보다
어떤 상황에도 나서지 못하고
한쪽 구석에 고개 숙여 생각하고 있다

순서

늦잠을 잤다
순서가 엉클어졌다
앞뒤가 막혔다
높낮이가 엉망이다

하루 일정이 순서대로 이루어지는데
하나가 엇박자를 내면
전체가 흔들린다

좁은 냉장고 입구에서
각종 제품들이 자리를 못 찾는다

새벽 늦잠과
사랑을 했다

2부

옛날 책 읽기

딸이 초등학교 다닐 때
큰맘 먹고 『이원수아동문학전집』을 장만해 주었다

어느 해 이사를 하면서 박스에 담은 채 방치했다
무심코 꺼내 보니 책장 한 번 안 넘긴 그대로였다

책 읽기를 좋아한 나는
학생 잡지에 연재된 다음 편이 기다려졌다
그건 그때의 내 생각에 불과했다

지금 손자들에게 보라고 하지만
예, 예, 대답만 하고 눈길도 안 준다

게임에 빠진 애들이 걱정되지만
시대가 그때의 정서를 아주 멀리 보냈다

한 권을 꺼내어 줄거리를 읽으니
몇십 년 전 감정이 그대로 되살아난다

여섯 살의 변론

외출에서 돌아온 엄마
눈을 부릅뜨고 다그친다
"누가 계란 프라이 해 먹었어?"
겁에 질린 여덟 살 형아
"제가요"
다 먹어 치우고
프라이판도 깨끗이 닦아서 치웠는데
어떻게 알았을까

고함소리에 일층으로 내려가던 할머니
급히 올라왔다
납작한 효자손으로 몇 대를 때렸다
동생도 같이 먹었지만
주도를 하지 않았다는 이유로
뒤로 밀려났다

할머니 왈
"너도 같이 먹었잖아 들어가서 혼나"

눈을 동그랗게 뜨고 쳐다보며
“나는 아무 생각도 안 했고요
형아 마음이 했어요”
정연한 자기 변론에 링컨의 연설이 생각났다

우리 형아 대단해

갓 초등학교에 들어간 형아
컴퓨터 게임에 빠졌다
무슨 줄거리인지
"아자 아자" 외치고
킥킥 웃으며 난리다
옆에 바싹 붙어 있는 동생
무얼 아는지 따라서 구호를 날린다
형을 힐끗 쳐다보며
사촌형들의 이름을 나열하고
"다 중에서 형아가 제일 쎄지" 하며
빤히 본다
쉽게 대답을 못 하다가 한참 만에
"도현이 형은 아니야"
위계질서 뚜렷한 형과 동생
형을 지켜보던 동생은
"우리 형아 대단해
컴퓨터 게임도 멋지게 하고"

울컥

어디서 오는 것인지 알 수 없다
깊은 생각도 없는데 울컥해지고
가벼운 기쁨에도 찡해 온다

가방을 흔들며 등교하는 개구쟁이 보면
손자 현담이 얼굴이 겹치고
잇달아 현욱이도 따라 나온다

고달프고 힘들어도
순수에서 나오는 울컥이기에
그렇게 또 한고비를 넘긴다

입학은 설레요

엄마는 짙은 곤색에 잔잔한 흰 꽃무늬
포플린 치마를 둘러 입고
중학교 입학식에 같이 갔어요
넷째 동생 임신한 무거운 몸으로 갔어요
집으로 오는 길에
신영사에서 가방도 사주고
시장 길가에서 팥시루떡을 사 주었지요
점심때가 지나 꿀맛이었어요
그러나 엄마 손은 팥고물에만 갔어요

오늘은 우리 집 앞 김천문화원에서
입학식을 마치고 돌아가는 석천중학교 학생을 보고
아주 멀리 간 엄마 생각에
가슴에서 뜨거운 눈물이 올라왔어요

오늘은 또 우리 첫손자 현담이가
구미 경구중학교에 입학하는 날이지요
내일은 또 내가 김천문화학교 입학하는 날
이래저래 입학의 날
설레는 날이네요

장래 희망

학교 다닐 때 장래 희망이 설문으로 나오면
나는 선생님이라고 적은 것 같다
지금은 얼마 남지 않은 장래를
행복한 삶이라고 결정을 한다

하긴 그것도 아리송한 답이다
행복이라는 것이 너무 방대해서
애매하기 때문이다
하루가 흔들림 없이 지나면
그게 바로 행복 아니겠는가

김천문화학교 여울반은
지도 시인을 비롯해서 여러분이 선생님이다
이분들도 아마 장래 희망을 그렇게 썼을 것 같다
똑같이 희망을 썼는데
나는 우유 배달로 장래를 마감하겠지
마지막 수업을 생각하며
초등학교 선생님이 최고의 희망이었던 걸 떠올린다

현욱이는 궁금해

집 앞 공터에 쪼그리고 앉아 있다
네 살배기 손자 돌보는 할머니
새끼 개미 바빠 죽겠다는 듯
빨빨거리며 돌아다닌다

"개미야 어디 가니?"
물어도 들은 척하지 않는다
가만히 보던 할머니
"엄마 찾나 보네"
할머니 곁의 현욱이
"엄마 어디 갔는데?
마트 갔나 봐"
몇 발짝 앞의 큰 개미에게
새끼 개미를 갖다 놓아도 딴짓만 한다
현욱이는
계속 바쁘게 움직이는 개미가
왜 그러는지 궁금하다

하굣길에 만난 현욱이 또래

조금 뚱뚱한 체격에
동그스름한 얼굴
걱정이 깃든 표정
현욱이와 같은
초등 2학년이다

어제 왔다 갔는데
또 보고 싶은 건 아무도 못 말린다
눈을 내리깔고 무얼 생각하는지
또래 마음속을 들여다본다

힐끗 문방구를 쳐다보다가 단념한 듯
뚜벅뚜벅 걸어간다
아이 뒷모습을 내 눈이 따라간다
잠시 손자 그리움에 젖는다

침 바다

폭염 열기가 밤을 초토화 시킨다
뒤척이다 못 견디어 일어난 열 살 현욱이
입가에 흘린 침을 닦으며
"침 바다가 되었네"
그러고는 벌렁 거꾸로 누워 버린다
에어컨이 거실에만 있다 보니
식구들이 질서 없이 잠을 청한다
지구가 콩을 볶는지 온통 가마솥이다
세상을 오래 산 할머니도 못 참겠는데
어린 현욱이가 어떻게 견디겠는가
형은 그래도 잘 참는다
다행이다

황홀

손을 높이 쳐들어
힘 있게 피아노 건반을 내려치자
건반도 놀라서 펄쩍 뜁니다

그러더니
고개를 숙이고
조용히 건반을 누르면서
입을 대고 빨고 있습니다

머리를 흔들면서 웃으면서
두드리는 피아니스트
7개월 된 우리 손자 현담이 모습입니다
그 황홀감은
명피아니스트 못지않습니다

나의 아침 시간

시간은 촉박한데
여기저기서 주문이 쇄도한다
왜 하필 이 시간에

그래도 침착함을 내세우며
세 군데 일을 묶어서 한다
오토바이 속력을 올리고
은행잎 물든 도로를
신호도 무시하고 달려
일을 무사히 마친다

가벼운 마음으로
김천문화원 수업하러 가는데
낙엽들이 춤추며 떨어진다

숙제

산다는 게 숙제 안에 갇혀 있다
어제의 문제 그대로인데
풀어지지 않는 실타래가 또 던져진다
아무리 끙끙거려도 더 엉킨다

툴툴 털고 원점으로 돌아가
멀리서 바라본다

답은 원점 밖에서 빙빙 돌려
쉽사리 다가오지 않는다

산수 공부

옛날이나 지금이나 어찌나 어려운지
초등학교 저학년 손자 숙제 생소하다
무슨 도움이 된다고 어린아이에게
이렇게 힘든 공부를 시키나
간단한 셈만 할 줄 알아도 얼마든지 살아가는데
인공위성 쏴 올리는 공식 숫자인가
머리를 싸매고 끙끙대는 손자가
딱하기 그지없다
엄마 아빠인 저들도 잘하지 못했으면서
점수에 목을 맨다

김천문화원 수업 시간

김천문화원 부설 문화학교 문예창작반 수업
한 주에 두 시간이면 눈 깜짝할 사이인데
하필 그 시간에 힘 있는 슈퍼 사장의 전화
"우유 한 박스 보내주세요
고객이 기다립니다"
들고 있던 펜을 살며시 놓고
소리 없이 빠져 나온다
부랴부랴 한 박스 오토바이에 싣고
바람을 가르며 달린다
슈퍼가 저만치 보이는데 기우뚱하더니 멈춰 선다
기름이 떨어졌다
오토바이를 끌고 가서 우유를 건넸다
제기랄, 삼박자가 지지리도 안 맞는다

10분 전

서성거리다 시계를 보니
수업에 들어가기 10분 전이다
무얼 써야겠는데 가닥이 잡히지 않는다

안 되겠다 그냥 가자
그래도 아닌 듯하다

모두 한 편씩 써 와서 귀를 기울이는데
숙제 안 한 초등학생처럼
안절부절못하고 있을 것 같다
억지춘향으로 끄적거려보지만
도무지 아니다

사실 많은 시간을 가지고
깊이 생각해 봐도
나의 시 쓰기는 마찬가지다

작심삼일

오늘은 한 편 써야겠다
빈대도 낯짝이 있다는데 말이 아니다
살아온 날수를 봐서라도 체면이 있지
다음에는 다음에는 한 것이 몇 개월이 지났다

한 편 옳게 쓰겠다고 다짐을 하고
주위를 둘러봐도 한 줄도 안 써진다
모두 매주 써오는데
나는 쥐구멍만 찾는다

명작을 겨냥하다 졸작 한 편도 못 건진다
이번 다짐을 시작으로
끄적거리는 것부터 해야겠다

하긴 작심삼일이 나를 좋아해서
문제이긴 하지만

질서

한 조각 남은 햄
누구에게 갈 것인가
밥상 옆 할머니 모르는 척 지켜본다

열 살 안팎 형제인데
동생의 젓가락이 가다가 멈춘다
형의 눈길이 스치기 때문이다

형은 거침없이 집어간다
동생은 억울했지만 그것도 질서다

질서는 집안이든 거리든 존재한다
한 발 내디딘 헛발질이 횡단보도일 때
경적 소리가 요란하게 울린다

3부

패랭이꽃 아직도 피어 있을까

사느라고 찾아가기 힘든
그때의 개울가
되돌릴 수 없는 시간
먼 곳까지 와서 그리움에 젖는다

찌든 생활에 계절도 모르고
줄달음친 날들
이게 아니라고 머리를 가로젓지만
조여 오는 현실은 비켜나지 않는다

서쪽 하늘의 찬란한 노을을
애써 잡으려 하지만
이내 스러지는 걸

그때도 개울가 패랭이꽃은
노을에 물들며 피어 있을까

감천 둑에 나서다

봄 내음 따라 감천에 가 보았다
갈대들이 벌러덩 누워 기진해 있다
으스대던 기세는 간 곳이 없다

건너 산기슭 나의 살던 고향은
그림처럼 조용하다
모래밭에 젊은 연인 마주 보며 깔깔대고
홀로 나온 중년 남자
옛사랑의 기억을 더듬는지 먼 산만 바라본다

촌로는 때마침 지나가는 기차에
눈길이 따라간다
"세월아~" 부르면서

비탈진 밭

냉이꽃이 뒤덮었다
다른 꽃들과 어울려 품격을 높인다
사진으로 표현했지만 어림없다
산과 숲 그리고 주변의 엉겅퀴 찔레꽃
불어오는 바람은 감동이다
신은 인간이 모르는 것을 깨우친다
각기 다른 존재들을
절묘하게 순간포착으로
주변을 조화롭게 꾸며준다

봄기운

남쪽에서 봄소식을 전하는데
봄은 기웃거리며
겉돌고 있다

봄을 찾아 나섰지만
스치는 바람은 차갑기만 하다

패랭이꽃 줄지어 피던 둑길도
아직 풀잎만 삐죽이 내밀어
화창한 봄을 기다린다

저만치서 봄은 서성이는데
내 안의 봄이 먼저 치장을 한다

봄이 온 감천

잿빛 내려앉은 감천
겨우내 시달려온 갈대가
헝클어져 있다
봄기운을 당기는 냇물은
소리 없이 흐른다
왜가리 한 마리 멍히
먼 산을 바라보는데
가느다란 발이 시린 듯
한쪽 발로 서 있다

꽃들의 잔치

살구꽃이 분홍빛을 내미는데
짓궂은 바람 재미 삼아 건드려 본다

한꺼번에 꽃 잔치를 벌이는
벚꽃이 환호하며 노닌다
가랑비에도 다급하게 움츠리며
마음을 적시고 꽃잎도 젖어 애처롭다

산비탈 복숭아밭
촌색시 커튼에 수놓듯 조금씩 색을 내더니
달빛에 밤을 새웠는지
분홍 커튼으로 온 밭을 장식한다

그렇게, 이 봄도 왔다가 간다

꽃바람

학교 종이 땡땡 치듯
누가 알려 주었나
봄바람 살짝 와서 속삭였나
봄비에 고개를 끄떡였나

앞뜰에서 산비탈에서
어쩌면 이렇게 꽃 난리가 났을까
꽃향기 여운 남길 때
여린 속살 내밀어 웃음 지을까

다음 봄비에는
다 같이 꽃바람 맞이하겠지

씨앗

흐트러진 것들을 모아
하늘로 날리고
앙금으로 남은 결정체
씨앗 되어
싹 틔운다

이내
용트림하면서 찬란한 빛으로
날개깃을 올리는데

긴 밤 지새우는 슬픔도
기쁨의 환희도
사잇길로 흘러버린다

묶어둔 세월도 풀어지는데
걸음을 멈춰 돌아보니

작은 씨앗은 내 가슴에
한아름 안겨서
기쁨으로 차오른다

유월 하늘

때 아니게 높이 뜬 흰구름
무얼 찾는지 기웃거린다
파란 하늘이 더 파랗게 밝혀주지만
작은 구름이 보이지 않아 그러는가
급하게 흘러간다
높은 산 숲은
구름을 잡을 듯
뻗은 팔 내저으며 난동을 부린다
산 너머 구름에 숨어있던 작은 구름
숲의 방해에도 약 올리듯 달아난다

매우 덥다

거리에 사람도 차도 뜸하다
더위를 피해 마트로 갔다
와, 좋다
에어컨은 빵빵하고
사람도 많다
살 생각도 없으면서
세일 의류 입어보고 뒤적거려 본다
지하 식품부에 가니 더 좋다
여기저기 시식코너
자기 식품 맛있다고 권한다
한 바퀴 돌고
마지막 코너에서 냉커피로 마무리한다
피서로 더할 나위 없다
그리고 공짜다 히히히

산은 가을을 부른다

숲은 마른 가지를 내보이며
바람을 타고 출렁거린다
바르르 떠는 잎새
어디로 갈지 불안하다

산등성을 찾아간 가을은
흥분된 빛을 번지게 하고
검푸른 소나무 뒤로 숨는다

한눈판 사이
온 산이 붉은 빛으로 닫혀버렸다

다 떠난 가을산은 마른 가지
부대끼며 울음 운다

가을 전선

가을바람이 새벽 창틈으로 들어왔다가
한낮에는 기가 죽어 숨는다
배롱꽃들은 가야 할 길을 찾느라
고운 빛을 잃었다
나뭇잎은 퇴색하지 않으려고
안간힘을 쓴다
춘하추동 계절이 제 몫을 찾으려
비집고 들어온 따가운 햇살
마지막을 버티지만
가을 전선 나팔소리는 바람에 번져나갔다

가을 한가운데 서서

시루떡판 같은 너른 들판
물결치듯 일렁인다
잠시 멈추어 서서 가을 향수에 젖는다

옛날에는 벼논에 피가 많아서
아버지가 한아름 뽑아
논두렁에 버리곤 했다

지금도 그때처럼
피가 논에서 건들거리는 논이 있다
건너 논에 피가 많아서
온통 붉은 빛깔이다
벼논이 변해 피논이 되었다
프로 농부가 아니고
직장생활을 겸하는 반거치 농부인가 보다

낙엽

떼 지어 다 떠나더라도
대롱거리는 한 잎
생각했으면 좋겠다
떠난 자리가 움츠려져도
따스한 봄기운을 당겨왔으면 좋겠다

일그러진 모습으로
쓸쓸히 떠난다 해도
입가에 미소
긴 여운으로 남았으면 좋겠다

얼마나 못마땅했으면
이렇게 푸석한 모습으로
대규모 시위를 벌이는 거냐

바람이 분다

나뭇가지를 마구 흔든다
끝내는 하나도 남김없이
다 떨구어 내릴 것을
안타깝도록 부대낀다

구멍이 뻥 뚫린 넓은 잎 하나
질기게도 매달려 바동거린다
어디로 가는지 어떻게 되는지
아무도 관심 갖지 않는다

봄기운이 떨어진 자국에 스미면
연한 잎 쏘옥 내밀겠지
자연의 섭리는 또 이렇게
끝을 맺으며 시작한다

시월의 시간 속에서

가진 것 같기도 하고
잃은 것 같기도 한
두 가지 마음이 교차하는 시월
그런 시간이 수없이 흘러갔지만
시월은 가슴을 흔들고
쓸쓸한 자국만 남긴다

깊은 사랑도 애달픈 사연도 없는데
울적한 마음은
앙상한 가지만 남기고
가랑잎이 찬비에 젖은 서글픔 때문일까
특별한 의미도 없이
가을은 오고 가지만
생각의 그림은 뒷걸음치며 밀려난다

움츠림

아무것도 보이지 않는다
희미한 것도 뚜렷한 것도
꼭짓점도 없는
가장자리 한쪽을 더듬거리며 가본다

이른 봄 산비탈 복숭아 꽃무리를 보며
한 철이 다 가도록 꽃 속에 물든다

찬바람에 갈대숲이 마구 흔들리면
겨우내 그리움을 삭인다

이제
첫눈도 폭설도 자연으로 돌아가고
가슴에 담는다

위태롭게 몇 잎 달고 있는 나뭇가지를
바람이 울며 지나간다

4부

새벽을 열다

뿌연 세상에 발을 내딛는다

하루 일과를 내다보면
던져진 신문 속에 세상이 들어 있다
무슨 소린지 알고 싶지도 않은 일들이
와글바글한다

그렇게 시간은 하루를 재촉하고
어둠으로 다 묻어 버린다

어디서 왔다가 어디로
빠르게 가는 것일까

시간을 이기자

좋다고 마냥 기뻐할 것도 없고
괴롭다고 그냥 죽을 쑤고 있을 것도 없다

기쁨도 소나기처럼 지나가고
슬픔도 이슬처럼 사라지기도 한다
시간을 재물로 삼고 지나가는 것이다

나를 띄우기도 하고
짓밟기도 하는 시간들

돌아보면 다 짓궂은 시간의
놀음이다
휴,
또 그냥 다 지나가네

내일은 언제인가

오기는 오는 건가
꿈꾸며 기다린다
오지 않고 끝나더라도
행여 지나쳐 버릴까 봐
멀어지는 끝을 놓지 않으려고 애를 쓴다

오늘이 지나면 내일인데
여전히 줄지 않고
저만치서 나를 손짓한다

두근거림에서 냉담으로 굳어져버리고
솜사탕의 달콤함도 후줄근히 사그라든다
쌓이고 쌓여서
채석장처럼 골이 져 있어도
내일을 가다린다

길

서로 엉킨 고목 사이에
구름은 흐르고

쪼그라진 주름은
펴지지 않는다

돌아서서 보는 길은
조금 전 안개도 그대로인데

잘 익은 누에의
투명한 명주실은
꼬투리가 없어 잡히지 않는다

암갈색 어둠을
희석이라고 했으면

고운 님 오는 길
비켜서서 맞으리

다이어트가 뭔지

세월 너머 저쪽에서는
배 나오고 살집이 좋아야
볼품 있었는데
어찌된 일일까
못 먹어 비쩍 말라 불쌍한데 따라하는 건
한 끼 식사라도 왜 그리 어려운지
칼슘 비타민 다 찾고
이것저것 구색 갖추어 차려놓아도
입맛이 있네 없네

뿌연 새벽에 이집 저집 물동이 이고 나와
보리쌀 문질러 씻던 공동우물가
구수한 보리밥 냄새 풍기던 초가삼간
돌아보면 즐거웠던 보리밥 시절

답답하다

상가가 쓸쓸하다
오늘 여기서 문을 열면
내일 저기서 문을 닫는다

깔끔하게 꾸민 가게
각종 휴대폰을 예쁘게 진열해 놓았다
주인 청년도 가게만큼이나 반듯해 보인다
제발 문 닫지 말고
번창했으면 좋겠다

주위에
착하고 공부 잘한 젊은이들이
취직이 되지 않아 애태우는 것을 보면
가슴이 답답하다

망각

시작도 없이
한가운데 섰다

선별 없이 마구 쏟아진 것들을
투명 종이 한 장으로 막는다

비친 막간 속으로 마구 투입하다
여기저기 거들고 빠지다 보면 막은 내리고
벼랑 끄트머리에서
천하 통일을 외친다

남은 건
복잡한 소설 속의 순간
허공으로 풀풀 나른다
다 잊고 수면으로 젖어든다

모순

보이기 싫은 모습
속으로 감추고

번지는 힘든 생각도
다지면서 걷는다

머리를 흔들어
엉뚱한 데 초점을 맞추지만

세상의 모든 것들 다 들어와서
엇갈리면서 복작거린다

제철 되어 뒹구는 감꽃도
날아가는 민들레 씨앗도

생소한 듯 왔다가
제자리를 찾는다

아니다

이건 아닌데
엉켜서 풀어지지 않는다

인연이라고 엮어진 관계들이
생각하면 묘하다

스치면 그만인 일들이
어디에서든 고리가 걸린다

애써 풀려고 안간힘을 쓰지만
낚싯바늘처럼 깊이 박힌다
자국을 남긴다

모서리

원래 모가 나 있었다
괜한 걸음으로 스쳐 흔적이 남았다

순한 양처럼 초원으로 돌아가
층층이 없었으면
그리고 느린 시간으로 또
한 꺼풀 덮고 지나갔으면

모서리에서 주춤거리다가
이게 아니라고 중얼거리면서
오르막을 택해 등을 보인다

멍하다

매일 시간은 흘러간다
지나간 시간이 산더미 같지만
모두 잊히고 없다

20대 30대 하물며 50대를 어떻게 살았는지
기억에 없다
오늘 이 자리에 머물고 있을 뿐이다

어떻게 살 건지 생각도 없고
아무것도 없는 벌판 폭풍이 지나간 자리에
털썩 주저앉는다
다 내려놓고 텅 비어 멍하다

무거운 발걸음

넓은 장례식장은 조문객으로 붐볐다
여러 해 모임을 가졌던 고인은
모나지 않고 웃음이 헤픈 분이었다

영정 앞 중년의 아내는
처절한 흐느낌으로
우리를 더욱 안타깝게 했다

삶과 죽음은 모진 것이지만
어제까지의 고통은
이렇게 끝나는 걸

돌아오는 골목길
강직함 속에 부드러움이 묻어나는
그분 생전의 모습이 떠올라
뿌연 달빛에
발걸음이 몹시도 무거웠다

뭉쳐진 세월을 풀다

작은 계곡이라 물소리도 낮게 흐르고
아카시아꽃 향기는 소리 없이 흔들린다
허름한 컨테이너 마다치 않고
초등 동창들이 오십 년의 세월을 넘나든다
확인 안 된 줄거리를 떠벌려도 박장대소하고
소심한 동창들 들떠서 합세한다
잘 구워진 고기 푸짐하고
소주잔 부딪치는 소리 흥겹다
멀리 온 길을 돌아보며
주름진 눈가를 적시기도 한다
오늘 밤을 기억하며
남은 길 잘 마무리하자며
눈길을 맞춘다

양보의 웃음

골목치고는 넓은 편인 길
오토바이가 바삐 가고
자전거는 반대편에서 천천히 왔습니다
복판은 비워두고 양쪽 담 곁으로 가고 오다
둘 다 넘어졌습니다
양보가 넘쳤습니다

편한 길로 잽싸게 달리다 부딪쳤으면
서로 잘했다고 우기며 시끄러웠겠지요
모르는 사람인가 본데
옷의 흙먼지를 툭툭 털며
마주 보고 멋쩍게 웃습니다

담을 비집고 나온 샛노란 민들레가
빤히 보며 따라 웃습니다
빙그레 웃음의 여운이 큰길까지
퍼져나갔습니다

일상

오늘도 바쁘다는 핑계로 덤벙댄다
더 바쁜 사람도 분명 있을 터인데
정신을 못 차린다
그렇다고 일을 더 많이 하는 것도 아니다
일일상품에 떠밀려 들었다 놓았다
누가 봐도 덤벙거린다
이건 아니다 싶어 커피를 들고 느긋함을 찾는다
밖을 내다보니 오가는 사람 모두가 여유스럽다
'빨리빨리'에서 '느릿느릿'으로
하루를 길게 늘여야겠다
또 바쁜 사람 지나간다
발보다 몸이 앞지른다

장날

길 양쪽으로 늘어놓은 농산물
사려 나온 사람보다
팔러 나온 사람이 더 많다
허리가 굽다 못해 코가 땅에 닿을 것 같은 할매
"무 한 단 얼마예요?"
손님이 되어 묻는다
"오천 원이면 비싼가요?"
팔러 나온 할매가 도리어 물으면서 애타게 쳐다본다
안 살 것 같은 표정에
천 원 깎아주고 판다
다 해봤자 천 원짜리 넷인데
얼굴에 함박웃음이 정겹다
김천장날 노점상은 삶의 현장이다

커피 한잔

이른 새벽 일일제품 배송 끝낸 기사에게
"추운데 커피 한잔 드릴까요?"
"아, 예에"
성큼 대답하며 받는다
보기에도 시원하고 서글서글하다

"아, 아닙니다"
단칼에 거절하는
억양까지 까칠한 사람도 있다

커피 한잔 받는 데도
예, 아니오를 결정 못 하는
중간형의 사람도 있다

기분 좋게 받아서 돌아서면 버리는
요령형도 있다

커피 한잔 받는 데도 사람마다 다르다

창 너머에서 하는 놀이

왁자지껄하다가
갑자기 조용해진다
사태가 심각한가 보다

초저녁부터 모여든 또래 사람들
열린 창문 넘어 들려오는 소리에
그림이 그려진다

잃고도 땄다고 뻥치는 이
따고도 잃었다고 떠벌리는 이
땄는지 잃었는지 꽁하는 이
각양각색이다

어쨌든 재미는 끝내주는가 보다
옆에 구경하는 사람은 더 재미가 좋다
얻어먹는 맛이 쏠쏠한가 보다

박 터지게 싸우고도
내일 저녁 또
웃으면서 모여들겠지

나 어릴 적 엄마들의 봄놀이

누구의 제안이랄 것도 없이 시작한 옛날의 봄놀이
겨울이 지나고 복사꽃 개나리꽃 만발하면
마당 가에 가마솥 걸어놓고 국을 끓였다
고기 살점은 어디 있는지 모르는 나물만 가득한 고깃국에
꽹과리 하나면 온 동네가 흥겨웠다

이제는 그 풍습 사라지고
떼로 몰려 중국이다 일본이다 하며 대형 버스가 다 실어간다
미국 대선에서도 써먹은 '강남스타일' 말춤도
그때 막걸리 몇 잔에 얼큰해진 동네 봄놀이 때 나온 춤이다
텔레비전은 물론 라디오도 귀하던 시대
엄마를 부르다
"홍도야 울지 마라"
가사도 음정도 몰랐는지 한 구절이 끝이었다

그때 동네 꼬마가 두 손자의 할머니 되었지만
어려운 시대를 살다간 엄마들이
참 모습으로 가슴에 남는다

차창 밖 풍경

산줄기 따라 내려온
낮은 비탈에
옹기종기 맞대 있다

기찻길 옆 오막살이
잠자는 아기는 없지만
초가지붕들
새마을 대통령이 갈아치웠다
색색으로 단장된 슬레이트 마을
끝없는 선로처럼
기나긴 꿈으로 속삭인다

금방 핀 듯한 살구꽃이
확 들어왔다
사라진다

살고 있다

나는 가보고 싶은 곳이 별로 없다
젊은이들이 좋아하는 유럽도
아프리카를 돌아서 가는 케이프타운도
상상을 더해 보는 영상으로 충분하다

단지 일 년에 한 번
벚꽃잎 흩날리는 삼바산 꼭대기에 서면
들판에서 무명바지 걷어 올리고
땀 흘려 일하시던 아버지가 보인다

초등학교 다니면서 동생의 손을 잡고
모퉁이 돌아 언덕길을 오르며 듣던
정오를 알리는 사이렌 소리가 옛날을 말해준다
공원으로 꾸민 곳곳에 전시되어 있는
눈에 익은 시에 마음을 열고……

어제도 그렇게 살았고
오늘도 또 그렇게 살고 있다

살아온 길

부딪쳐 감돌아온 세속은 흘렀는데
내 안의 흐느낌은 아직도 부대끼다
흐르는 구름 속에 묻혀서 보내볼까

골 깊은 높은 산은 세상을 안고 있고
살아온 쌓인 세월 끝없이 보채는데
흐르는 산골 물에 조금씩 띄우려나

시간은 재촉해서 돌부리 완연한데
휘어진 허리에는 군중의 소음 소리
무성한 잡초 길에 나를 찾아 헤맨다

기차 여행

소소한 일로 머리를 싸맨다
기차에 몸을 실어
차창 밖 그림을 따라간다

소나무는 사시사철
가슴이 푸르게 힘을 주고
단풍은 눌렸던 마음을 다스리며 달랜다
개발이라고 광활하게 파헤친 산은
붉은 속을 토하며 노려본다

자연은 노하여 굉음을 지르며
인간을 떨게 한다
자연 앞에 인간은 먼지에 불과한데

그때 그 시절 어디로

대덕산 자락 높은 덕산재
비탈진 양지 자그마한 산골동네
그곳이 우리 시어머니 고향이다
동네 뒷산 정상에는
신선이 살았다는 기이한 바위가 그림 같다
지금은 94세로 요양보호소에 계시지만
정신은 또렷하다

여러 번 큰 수술로
금방 무너질 것 같은 나는
버티기도 무리가 가는데

어린 시절 산에 올라
봄에는 돋아나는 산나물을
가을에는 열매를 따던 시어머니
그때를 연상하며
오늘도 추억 속을 거니신다

덕유산에 올라

나제통문을 빠져나가니
바로 무주 구천동 길이다

울창한 숲을 지나
곤돌라 매표소에는 사람들로 붐볐다
정상에서 본 향적봉이며
멀리 가까이 겹쳐진 산들이 구름 위로 솟았다

풍파에 시달린 주옥들은 세월을 말해주고
인간의 속앓이 같은 건 주접이라 꼬집는다
이름 모를 꽃들은 뭉쳐진 가슴을 풀어 주고
어지럽던 머릿속을 정리해 준다

하루의 여유가
헝클어진 마음을 제자리로 돌려준다

모르는 사람

좋아 보이는 사람이 내 앞을 지나간다
크지도 작지도 않은 딱 맞는 맞춤형
넘치지도 모자라지도 않은 그런 모습
내 눈길은 그 사람을 쫓아갔다
버스 정류장에 멈추어 선
조용한 눈빛의 그 여자
아무런 표정도 없었지만
머리에서 발끝까지 연한 어둠이 내려 있다
내 마음의 어둠도 흐린 하늘도
그 사람과 겹쳐서 그냥 그렇게 지나간다
왜 그렇게 보일까
나도 같이
그 사람의 표정 속으로 끌려간다

이층 아저씨

김천문화회관 건축소장으로
경주에서 온 아저씨
단정한 작업복에 헬멧까지
언제나 깍듯한 모습이다

세 든 지 몇 달이 지났지만
흐트러진 자세 보인 적 없는 도덕책이다

부실공사로 말썽이 잦은 요즈음
보기 드문 믿음이 가는 아저씨다

김천문화회관은 한 층 한 층
아저씨 모습처럼
완벽하게 마무리되어 우뚝 세워지겠지

공사가 끝나고 이층을 떠나는 날
건축소장으로서는 물론
한 인간으로도 박수를 보내야겠다

까치집

높은 나뭇가지에
덩그러니 얹혀 있는 까치집
바람 앞에 쓸쓸하다

까치는 보이지 않고
작은 새들만 울어댄다
슬퍼 그러는지
기뻐 그러는지
마구 우짖는다

뭐가 불안한지
잠시도 그냥 있지 못하고
폴짝폴짝 옮겨 다닌다

까치집에
제 새끼라도 있나?

자두야 너

넓은 산비탈 무대
꽃들의 합창은 장관을 이룬다

소리 없는 합창은 건너 산까지 번진다
벌들이 붕붕거리며 합세하고
조용한 나비의 춤도 한몫한다

그것도 잠시
뜨거운 태양이 난동을 부리면
잎사귀로 가린 탱글탱글한 자두
붉게 단장한다

봄의 합창이
탐스러운 보람으로 가득 채우고
무대의 막을 내린다

왜 하필

약대에서 뿜어 나오는 농약이
자두나무를 뒤덮는다
띄엄띄엄 있는 살구나무는
꽃봉오리를 반쯤 열고 고운 빛을 내보인다
일찍 올라온 잡초는 아침이슬을 달고
진주처럼 뽐을 낸다
농부는 자두꽃을 들여다보며
진지하게 정성을 다하는데
육십년대 시골 공동 우물 같은 큰 고무통의
농약을 젓는 그의 아내는
아무 생각이 없는 듯
살구꽃만 쳐다본다
어디 빨리 갈 데가 있나 보다
"에이씨, 왜 하필 이날 약을 친다고 야단이야"

머나먼 길

어쩌면 그렇게 쉽게 떠나니?
성큼성큼 걸어와
큰 소리로 웃던 너의 모습
아직도 기억에 선한데

그 짧은 순간의 처절한 아픔이
너의 길을 끝내다니
그냥 보기 아까운
너의 분신들
숨이 넘어갈 듯한 울음을 지나치고
갈 수 있다니

우리 자매의 슬픔은 넘어가도 되지만
까르르 웃는 첫째
호탕한 성격의 둘째
보물처럼 아까운 막내
그리고
영원한 연인 아내를 버리고

지루한 날들

터널 같은 긴 복도
몸을 절이는 것 같은 아픔
종합병원 21병동

간혹 환자가 침대차에 실려 오가는
일그러진 얼굴들
복도를 돌아 사라지면 오싹 무서워진다

입원실은 햇빛 한 줌 없는 공간
하루 종일 형광등에 의지한다

내 몽롱한 정신과 주위의 상황과 맞물려
다른 차원의 세상이 존재하는 것 같다
벗어나고 싶다

지금 생각하면 좋은 날들

멀지 않은 옛날
배고파서 보태어 먹던 무밥
지겹도록 먹던 보리밥

지금은 어찌된 일인지
까칠까칠한 현미밥도 건강식이란다

유명한 박사들이
미끈하고 큰 무를 발효식품이라고 열을 올리면
참석자들은 아주 심각하게 고개를 끄덕인다

우리 아버지 농사지은 무는
감자처럼 작았다
그때는 지금처럼 큰 무를 보지 못했다

지금은 질게 한 무밥을 먹으면서
그날의 초라하던 음식이 건강식이 되었다

옛길을 찾아서

후미진 옛길을 찾았다
한때는 많은 사람이 모여 북적거렸던
큰 예배당이 사람 흔적도 없이 을씨년스럽다

거래처였던 큰 상점은 텅 비어 있다
으스대던 사장 모습 떠오른다
옆 건물 병원은 멀리서 온 환자들로 붐볐는데
앞의 큰 느티나무만 그때를 말해 준다

돌아오는 길은 공단의 기계 소리만 요란하고
길 옆 드문드문 핀 코스모스가
시대도 외면한 듯 흔들린다